Sekundarstufe

Sabine Hauke



# Die häufigsten Rechtschreibfehler

## ... und wie man sie vermeidet!

Übungsmaterialien zum individualisierten Lernen

Lernen mit Erfolg
KOHL VERLAG

# Die häufigsten Rechtschreibfehler

## ... und wie man sie vermeidet

8. Auflage 2026



Inhalt: Sabine Hauke
Umschlagbilder: Adobe Firefly, BillionPhotos.com & fotomek - AdobeStock.com
Redaktion: Kohl-Verlag
Grafik & Satz: Kohl-Verlag
Druck: farbo prepress GmbH, Köln

**Bestell-Nr. 11 990**

**ISBN: 978-3-96040-141-4**



Kontakt: Kohl-Verlag, An der Brennerei 37-45, 50170 Kerpen
Tel: +49 2275 331610, Mail: info@kohlverlag.de

## Unsere Lizenzmodelle

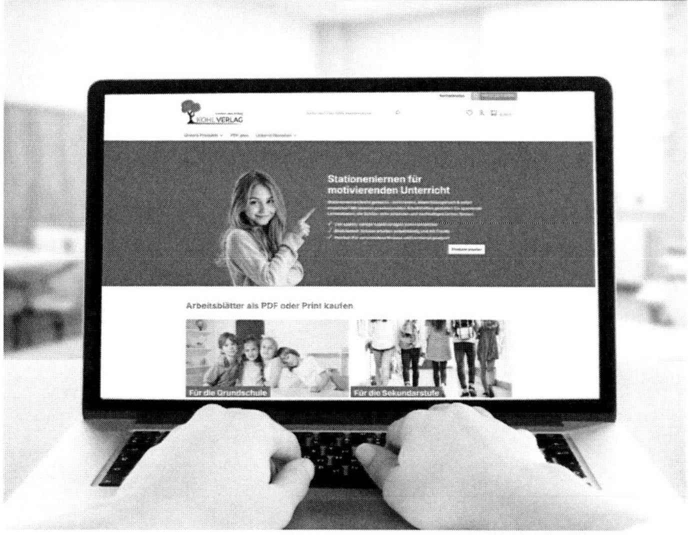


### Der vorliegende Band ist eine Print-Einzellizenz

Sie wollen unsere Kopiervorlagen auch digital nutzen? Kein Problem – fast das gesamte KOHL-Sortiment ist auch sofort als PDF-Download erhältlich! Wir haben verschiedene Lizenzmodelle zur Auswahl:

| | Print-Version | PDF-Einzellizenz | PDF-Schullizenz | Kombipaket Print & PDF-Einzellizenz | Kombipaket Print & PDF-Schullizenz |
|---|---|---|---|---|---|
| Unbefristete Nutzung der Materialien | x | x | x | x | x |
| Vervielfältigung, Weitergabe und Einsatz der Materialien im eigenen Unterricht | x | x | x | x | x |
| Nutzung der Materialien durch alle Lehrkräfte des Kollegiums an der lizensierten Schule | | | x | | x |
| Einstellen des Materials im Intranet oder Schulserver der Institution | | | x | | x |

Die erweiterten Lizenzmodelle zu diesem Titel sind jederzeit im Online-Shop unter www.kohlverlag.de erhältlich.

# Inhalt


| | | |
|---|---|---|
| | Vorwort | 4 |
| 1 | Eingangstest mit Lösungen und Hinweisen | 5 - 6 |
| 2 | Großschreibung am Satzanfang | 7 - 8 |
| 3 | Großschreibung nach Doppelpunkt | 9 - 10 |
| 4 | Großschreibung von Nomen | 11 - 14 |
| 5 | Großschreibung von Eigennamen | 15 - 16 |
| 6 | Substantivierung/Nominalisierung von Verben | 17 - 18 |
| 7 | Substantivierung/Nominalisierung von Adjektiven | 19 - 20 |
| 8 | Das Dehnungs-h | 21 - 22 |
| 9 | Doppelte Konsonanten (Mitlaute) | 23 - 24 |
| 10 | Doppelte Vokale (Selbstlaute) | 25 - 26 |
| 11 | S-Laute: s, ss oder ß? | 27 - 28 |
| 12 | I-Laut: i oder ie? | 29 - 30 |
| 13 | Das oder dass? | 31 - 32 |
| | Abschlusstest mit Lösungen und Hinweisen | 33 - 34 |
| | Lösungen | 35 - 47 |

# Vorwort

Liebe Kolleginnen und Kollegen,

das kennt wahrscheinlich jeder von uns: Manche Themengebiete der Rechtschreibung behandelt man immer wieder, und trotzdem entfällt ein Großteil der Rechtschreibfehler darauf. Ich habe in vielen Klassen und in allen Jahrgangsstufen von der 3. bis zur 8. Klasse immer wieder die Erfahrung gemacht, dass die häufigsten Fehler auf diese Gebiete entfallen:

- Groß- und Kleinschreibung

- doppelte Konsonanten

- Dehnungs-h

Und daher finden Sie im vorliegenden Band umfassendes Übungsmaterial für genau diese Themenbereiche. Ergänzt habe ich sie um einige „Nebenschauplätze“ wie s-Laute, i-Laute und die Dauerbrenner-Frage, wann man „das“ mit einem oder zwei „s“ schreibt.

Viel Freude und Erfolg mit den vorliegenden Kopiervorlagen wünscht Ihnen der Kohl-Verlag und

*Sabine Hauke*

## Didaktische Hinweise

**Anordnung der Aufgaben**

Die Aufgaben sind in jedem Themengebiet streng progressiv geordnet. Die erste Aufgabe ist dabei immer sehr niedrigschwellig für ein Erfolgserlebnis auch für rechtschreibschwache Schülerinnen und Schüler. Die Aufgaben auf dem 2. Blatt für jedes Themengebiet reichen von mittlerem zu gehobenem Anspruch.

**Individuelles Üben**

Um individualisiertes Üben zu ermöglichen, können Sie zunächst den Eingangstest durchführen. In der Auswertung sehen Sie auf einen Blick, welches Themengebiet für welchen Schüler von Interesse sein dürfte. So kann Ihre gesamte Lerngruppe gleichzeitig arbeiten, während jedes Kind individuell gefördert wird. Die Lösungen sind aus diesem Grund auch so konzipiert, dass sie sich zur Selbstkontrolle anbieten.

Am Ende der Übungseinheiten befindet sich ein Abschlusstest zur Überprüfung des Lernerfolgs. Er kann von Ihnen als Test oder als Möglichkeit zur Selbstkontrolle eingesetzt werden. Lösungs- und Auswertungshinweise sind natürlich beigefügt.

**Mit Schülern bzw. Lehrern sind im ganzen Band selbstverständlich auch die Schülerinnen und Lehrerinnen gemeint.*

Bedeutung der Symbole: EA **Einzelarbeit**

# Eingangstest

## Was sind deine häufigsten Rechtschreibfehler?

**1.** *Schreibe diese Sätze in richtiger Groß- und Kleinschreibung.*

DER ALTE FRITZ WAR DER ÄLTESTE VON 14 GESCHWISTERN.

______________________________________________

DAS MUSIZIEREN MACHTE IHM VIEL FREUDE.

______________________________________________

**2.** *Setze in diese Wörter das Dehnungs-h ein, wenn es nötig ist.*

| | | |
|---|---|---|
| Re____gen | e____rlich | Fa____ne |
| fa____ren | wa____rten | Bie____ne |

**3.** *Setze in diese Wörter die einfachen oder doppelten Buchstaben ein.*

| | | |
|---|---|---|
| (n/nn) So____e | (n/nn) ra____ten | (p/pp) Pu____e |
| (o/oo)M____r | (e/ee) M____r | (e/ee) B____tt |

**4.** *i oder ie? Unterstreiche die falsch geschriebenen Wörter und verbessere sie.*

Die Biene fligt über die Wise.______________________________

Probir mal, Gietarre zu spilen.______________________________

**5.** *s oder ss oder ß?*

| | | |
|---|---|---|
| Grü____e | me____en | Fü____e |
| le____en | verge____en | lei____e |

**6.** *Das oder dass?*

________ Singen unter der Dusche führte dazu, ________ ihre Stimme immer besser klang. Ihr Chorleiter sagte, ________ ________ Üben gut für sie ist.

# Eingangstest

## Lösungen

**1.** *Schreibe diese Sätze in richtiger Groß- und Kleinschreibung.*

DER ALTE FRITZ WAR DER ÄLTESTE VON 14 GESCHWISTERN.
Der Alte Fritz war der Älteste von 14 Geschwistern.
DAS MUSIZIEREN MACHTE IHM VIEL FREUDE.
Das Musizieren machte ihm viel Freude.

⇨ Bei Fehlern in dieser Aufgabe: Lerne wie du sie vermeidest auf den Seiten 7-20.

**2.** *Setze in diese Wörter das Dehnungs-h ein, wenn es nötig ist.*

| | | |
|---|---|---|
| Regen | ehrlich | Fahne |
| fahren | warten | Biene |

⇨ Bei Fehlern in dieser Aufgabe: Lerne wie du sie vermeidest auf den Seiten 21-22.

**3.** *Setze in diese Wörter die einfachen oder doppelten Buchstaben ein.*

| | | |
|---|---|---|
| (n/nn) Sonne | (n/nn) rannten | (p/pp) Puppe |
| (o/oo)Moor | (e/ee) Meer | (e/ee) Bett |

⇨ Bei Fehlern in dieser Aufgabe: Lerne wie du sie vermeidest auf den Seiten 23-26.

**4.** *s oder ss oder ß?*

| | | |
|---|---|---|
| Grüße | messen | Füße |
| lesen | vergessen | leise |

⇨ Bei Fehlern in dieser Aufgabe: Lerne wie du sie vermeidest auf den Seiten 27-28.

**5.** *i oder ie? Unterstreiche die falsch geschriebenen Wörter und verbessere sie.*

| | |
|---|---|
| Die Biene fligt über die Wise. | fliegt, Wiese |
| Probir mal, Gietarre zu spilen. | Probier, Gitarre, spielen |

⇨ Bei Fehlern in dieser Aufgabe: Lerne wie du sie vermeidest auf den Seiten 29-30.

**6.** *Das oder dass?*

Das Singen unter der Dusche führte dazu, dass ihre Stimme immer besser klang. Ihr Chorleiter sagte, dass das Üben gut für sie ist.

⇨ Bei Fehlern in dieser Aufgabe: Lerne wie du sie vermeidest auf den Seiten 31-32.

KOHL VERLAG DIE HäUFIGSTEN RECHTSCHREIBFEHLER und wie man sie vermeidet • Bestell-Nr. 11 090

# 1 Großschreibung am Satzanfang

## So ist es richtig!

**Das erste Wort in einem Satz schreibt man immer groß. Das ist übrigens in jeder Sprache so.**

EA

**Aufgabe 1:** *Finde in diesem Text alle Satzanfänge, die klein geschrieben wurden und verbessere sie. Streiche einfach den ersten Buchstaben durch und schreibe ihn groß auf die Zeile darüber.*

H                                        E

heute ist ein sonniger Tag. es ist ganz warm geworden. endlich ist der Sommer

da! ob wir wohl heute das Planschbecken auf dem Balkon aufbauen?

das wäre so schön. und vielleicht kann ich ja auch meinen Freund Frederik

einladen. dann können wir zusammen auf dem Balkon planschen.

EA

**Aufgabe 2:** *Finde die passenden Satzanfänge in diesem Kasten und trage sie passend ein. Schreibe sie groß.*

**am – eben – doch – ihre – auch – sie – Mama**

___________ Abend werden Franz und Hanna müde. ___________ haben sie noch unter dem Tisch eine Höhle gebaut. ___________ jetzt fallen ihnen die Augen zu. ___________ Schlafanzüge haben sie schon angezogen. ___________ die Zähne sind schon geputzt. ___________ legen sich in ihre Betten. ___________ und Papa sagen gute Nacht und löschen das Licht.

DIE HäUFIGSTEN RECHTSCHREIBFEHLER ... und wie man sie vermeidet – Bestell-Nr. 11 990
KOHL VERLAG

# 1 Großschreibung am Satzanfang

EA

**Aufgabe 3:** *Schreibe in diesem Text über den Sperling alle Satzanfänge groß. Überlege selbst, welcher Buchstabe eingesetzt werden muss.*

**Der Sperling**

___er Haussperling wird auf lateinisch Passer domesticus genannt und die meisten Menschen kennen ihn als Spatz. ___r ist einer der bekanntesten Singvögel. ___perlinge sind weit verbreitet und ihr weltweiter Bestand wird auf ungefähr 500 Millionen Tiere geschätzt.

___ngefähr 30 Gramm wiegt ein Sperling und die Körperlänge liegt bei ungefähr 15 Zentimetern. ___esonders auffallend sind sein großer Kopf und der kräftige Schnabel. ___ie Flügel sind ungefähr 7 bis 8 Zentimeter lang. ___enn die Flügel aufgespannt sind, haben sie eine Spannweite von etwa 23 Zentimetern. ___ännliche Sperlinge singen mit einer lauten Stimme rhythmisches „Tschilp".

EA

**Aufgabe 4:** *In diesem Text ist nicht klar, wo ein Satz endet und wo ein neuer Satz beginnt. Füge Satzzeichen ein und schreibe das folgende Wort groß.*

**Der Strand**

Heute ist ein schöner Tag _____ir wollen zum Strand gehen _____ie Möwen kreischen ganz laut _____b sie wohl Futter finden _____ie Ostsee ist heute ganz glatt _____er Sand ist schön warm _____ir setzen uns _____ante Inga hat eine Picknickdecke dabei und verteilt Obst _____eintrauben schmecken mir besonders gut _____etzt ziehen wir Badesachen an und rennen zum Wasser _____ir spritzen uns mit dem Wasser nass _____ann gehe ich ein paar Schritte in das kühle Wasser _____ante Inga ruft: „_____chwimmt nicht zu weit raus " _____atürlich passen wir auf _____eiter als bis zur Boje sind wir noch nie geschwommen

# 2 Großschreibung nach Doppelpunkt

## So ist es richtig!

**Wenn nach einem Doppelpunkt ein vollständiger Satz folgt, schreibt man das erste Wort nach dem Doppelpunkt groß.**

EA

**Aufgabe 1:** *Unterstreiche in diesen Sätzen alle Doppelpunkte und die Großbuchstaben danach mit Lineal und einem farbigen Stift.*

**a)** Meine Erwartung an den Tag: Wir werden erste Wörter auf Spanisch lernen.

**b)** Sie rief: Ich habe meine Schuhe vergessen!

**c)** Die Ärztin fragte: Tut es hier weh?

**d)** Der Garten, die Laube und der Pool: Das alles gehört Familie Hansen.

**e)** Und dann sagte er auf einmal: Dort geht es nicht weiter.

**f)** Daraus folgt: Die Mühe hat sich gelohnt.

**g)** Die Sonne schien, dann kam Regen dazu: Am Himmel stand ein Regenbogen.

EA

**Aufgabe 2:** *Ergänze die passenden Buchstaben. Denke an die Großschreibung.*

**a)** Eine CD legt man so ein: ____uerst am Gerät auf die Taste „Open“ drücken.

**b)** Er rief ihr nach: ___as war ein schöner Tag!

**c)** Achtung: ___itte Ruhe im Studio, wenn das Licht blinkt.

**d)** Montag: ___ir machen einen Ausflug zum Badesee.

**e)** Und am Ende haben wir gelernt: ___iebeskummer lohnt sich nicht.

DIE HÄUFIGSTEN RECHTSCHREIBFEHLER ... und wie man sie vermeidet – Bestell-Nr. 11 990
KOHL VERLAG

# 2 Großschreibung nach Doppelpunkt

EA

**Aufgabe 3**: *In den folgenden Beispielen kommen auch Doppelpunkte vor. Warum ist es hier richtig, nach dem Doppelpunkt klein weiterzuschreiben? Lies noch einmal den Merksatz oben und begründe dann deine Antwort.*

Beispiele:

**a)** Meine Hobbies: singen, lesen, Klavier spielen

**b)** Familienstand: verheiratet

Begründung:

________________________________________

____________________________________________________________

EA

**Aufgabe 4**: *In den folgenden Sätzen folgt auf den Doppelpunkt entweder:*

- ein vollständiger Satz, dann wird nach dem Doppelpunkt groß geschrieben

*oder*

- ein nicht vollständiger Satz, dann wird nach dem Doppelpunkt klein geschrieben, wenn das Wort kein Nomen ist oder aus anderen Gründen groß geschrieben werden muss.

Entscheide selbst und trage den passenden Buchstaben ein.

**a)** Es gibt vier Himmelsrichtungen: ____orden, Osten, Süden, Westen (N/n)

**b)** Seine Schwester sieht gut aus: ____raune Augen, lange seidige Haare. (B/b)

**c)** Er rief ihr zu: ___ang den Ball! (F/f)

**d)** Auf meiner Pizza hätte ich gerne: ____omaten, Paprika, Broccoli, viel Käse (T/t)

**e)** Unser Plan für Dienstag: ___ir fahren in den Zoo. (W/w)

**f)** Mische gelb und rot: ___s ergibt sich orange. (E/e)

**g)** Und da sehe ich nach oben: ___ie Wolken waren weg! (D/d)

**h)** Aufgepasst: ___omen schreibt man groß. (N/n)

**i)** Was ich damit sagen wollte: ___ch liebe dich. (I/i)

j) Und jetzt erst mal: ___arten. (W/w)

# 3 Großschreibung von Nomen

**So ist es richtig!**

**Nomen (Namenwörter, Hauptwörter) schreibt man immer groß. Man erkennt ein Nomen daran, dass man es haben und/ oder anfassen kann. Nomen haben Artikel (Begleiter): der, die, das.**

EA

**Aufgabe 1:** *Schreibe die Nomen mit ihrem Artikel (Begleiter) auf. Denke an die Großschreibung.*

___________ ___________ ___________

___________ ___________ ___________

EA

**Aufgabe 2:** *Unterstreiche in diesem Text alle elf Nomen mit Lineal und einem farbigen Stift.*

Moritz muss heute zum Arzt, denn er soll gegen Keuchhusten geimpft werden. Im Wartezimmer gibt es Comichefte. Die liest er gerne! Als er aufgerufen wird, geht er in das Behandlungszimmer. Die Arzthelferin tupft seinen Arm kalt ab und gibt ihm die Spritze. Danach trägt sie die Impfung in den Ausweis ein.

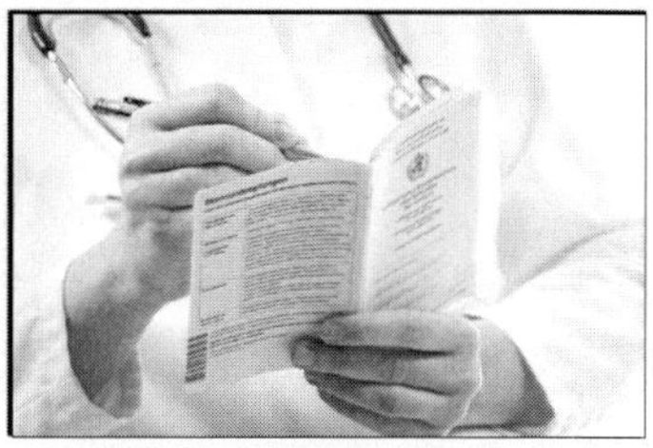

DIE HäUFIGSTEN RECHTSCHREIBFEHLER
... und wie man sie vermeidet – Bestell-Nr. 11 990
KOHL VERLAG

# 3 Großschreibung von Nomen

EA

**Aufgabe 3**: *Kreuze immer das Zutreffende an.*

| Wort | kann ich haben | kann ich anfassen | kein Nomen | Nomen |
|---|---|---|---|---|
| Fenster | | | | |
| Singen | | | | |
| Traum | | | | |
| Fieber | | | | |
| Idee | | | | |
| Verletzt | | | | |
| Verletzung | | | | |
| Katze | | | | |
| Gespräch | | | | |
| Langsam | | | | |
| Urlaub | | | | |
| Langeweile | | | | |
| Radiergummi | | | | |
| Jacke | | | | |
| Fahren | | | | |

EA

**Aufgabe 4**: *Kreise alle Nomen mit einem farbigen Stift ein. Findest du alle zehn Nomen?*

KINDER HÜPFEN BALL HASE SPIELEN
ZUHÖREN WERFEN ETWAS RUND
NEU KLEIN ANGST OBWOHL TROTZDEM
TRAKTOR WIESE SPIELPLATZ
WURM ZEIT MONAT BALD

*Suche eines der Nomen aus dem Kasten aus und male es hier.*



DIE HäUFIGSTEN RECHTSCHREIBFEHLER und wie man sie vermeidet – Bestell-Nr. 11 990
KOHL VERLAG

# 3 Großschreibung von Nomen

EA

**Aufgabe 5:** *Setze in diesen Lückentext die Nomen aus dem Kasten passend ein.*

**Apfelkuchen – Sonntagmorgen – Brötchen – Geld – Bäcker – Beutel – Lindenweg – 5-Euro-Schein – Vollkornbrötchen**

Am ______________________ sagte Papa zu Clara: „Wie wäre es, wenn du heute mal für uns die ______________________ ______________ holst? Du bist doch jetzt schon groß. Traust du dich, alleine zum ______________________ im ______________________ ______________ zu gehen?“ Sie antwortete: „Ja, das kann ich machen. Gibst du mir ______________________ mit?“ Papa gab ihr einen______________________. Er erklärte ihr, dass sie drei Stücke______________________, drei Kaiserbrötchen und drei ______________________ kaufen sollte. „Das schaffe ich schon“, meinte Clara. Sie nahm noch einen ____________ ______________________ mit und ging los.

EA

**Aufgabe 6:** *Finde in diesem Wortgitter acht Wörter. Schreibe sie in richtiger Groß- oder Kleinschreibung auf die Linien.*

| | | | | | | | | | | | | | |
|---|---|---|---|---|---|---|---|---|---|---|---|---|---|
| E | P | A | P | R | I | K | A | M | R | H | I | C | Z |
| N | I | N | O | P | H | S | S | A | D | O | R | M | L |
| L | U | H | D | G | F | V | W | A | S | S | E | R | B |
| E | B | A | U | M | L | I | S | E | E | M | I | Ö | J |
| K | I | L | Z | R | E | I | G | F | L | S | C | H | R |
| R | W | T | Q | U | A | F | R | I | S | C | H | K | L |
| N | A | E | D | F | F | M | A | A | N | L | D | S | P |
| K | L | N | O | J | N | E | U | G | I | E | R | I | G |
| F | A | B | T | T | H | N | J | Z | K | S | A | E | R |

# 3 Großschreibung von Nomen

EA

**Aufgabe 7**: *In diesem Text sind die Nomen klein geschrieben. Finde sie und schreibe sie mit großen Anfangsbuchstaben auf die Zeile darüber. Entdeckst du alle 20 Nomen?*

________________________________________

„Hätte ich das doch bloß gelassen!", schimpfte mama mit sich selbst. Aber nun

________________________________________

war es schon geschehen. Sie hatte die fenster putzen wollen. Mit dem putzeimer,

________________________________________

fensterreiniger und einem lappen ausgerüstet hatte sie die leiter betreten und

________________________________________

einen falschen schritt gemacht.

________________________________________

Vorhin hatte papa sie aus dem krankenhaus abgeholt. Der linke knöchel war

________________________________________

gebrochen und nun lag mama mit einer bandage um den knöchel auf dem sofa.

________________________________________

„Nichts kann ich mehr tun", jammerte sie. paul und pascal saßen auf den sesseln

______________________________

neben ihr und schauten ihre mutter an.

______________________________

„Könnt ihr mir helfen?", fragte sie ihre

______________________________

beiden kinder. „Na klar!", antworteten die söhne.

KOHL VERLAG Lernen mit Erfolg
DIE HäUFIGSTEN RECHTSCHREIBFEHLER und wie man sie vermeidet – Bestell-Nr. 11 990

# 4 Großschreibung von Eigennamen

## So ist es richtig!

**Eigennamen von Personen, Orten, Produkten, Ereignissen schreibt man immer groß.**
**Das gilt auch für Eigennamen, die aus mehreren Wörtern bestehen.**
**Zum Beispiel: Friedrich der Große, der Zweite Weltkrieg, der Thüringer Wald, die Dominikanische Republik, Deutsches Rotes Kreuz**

EA

**Aufgabe 1**: *Schreibe diese Namen in richtiger Groß- und Kleinschreibung auf. Übrigens: alle diese Personen gab es tatsächlich!*

| | |
|---|---|
| ALEXANDER DER GROßE | PIPPIN DER KURZE |
| ______________________ | ______________________ |
| IWAN DER SCHRECKLICHE | MARIA DIE BLUTIGE |
| ______________________ | ______________________ |
| JOHANNA DIE LAHME | FRIEDRICH DER FETTE |
| ______________________ | ______________________ |

EA

**Aufgabe 2**: *Schreibe diese Eigennamen in richtiger Groß- und Kleinschreibung auf.*

| | |
|---|---|
| DER TEUTOBURGER WALD | DIE BERLINER LUFT |
| ______________________ | ______________________ |
| DIE HEILIGEN DREI KÖNIGE | DER SCHWEIZER KÄSE |
| ______________________ | ______________________ |
| DIE TSCHECHISCHE REPUBLIK | DER ERSTE WELTKRIEG |
| ______________________ | ______________________ |

DIE HäUFIGSTEN RECHTSCHREIBFEHLER
... und wie man sie vermeidet – Bestell-Nr. 11 990
KOHL VERLAG

# 4 Großschreibung von Eigennamen

EA

**Aufgabe 3:** *In jedem Satz haben sich zwei Eigennamen versteckt. Unterstreiche sie mit Lineal und farbigem Stift.*

**a)** Sophie ist die große Schwester von Theo.

**b)** Unsere Hündin heißt Lotti und unser Vogel heißt Pit.

**c)** Marie wurde in Berlin geboren.

**d)** Tom kauft eine große Packung Tempotaschentücher.

**e)** Frederik isst am liebsten im Restaurant Pfeffermühle.

**f)** Am Schwarzen Brett ist ein Foto des Eiffelturms zu sehen.

**g)** Fahrt ihr nach Frankfurt am Main oder Frankfurt an der Oder?

**h)** Jonathan fragte: „Kannst du mir bitte den Tesafilm geben?“

EA

**Aufgabe 4:** *Schreibe die Sätze in richtiger Groß- und Kleinschreibung auf.*

**a)** AM HIMMEL SIEHT MAN DAS STERNBILD GROSSER WAGEN.

________________________________

________________________________

______________________________________________________

**b)** DER AMERIKANISCHE PRÄSIDENT WOHNT IM WEISSEN HAUS.

______________________________________________________

______________________________________________________

**c)** WIR FAHREN ZUM KAP DER GUTEN HOFFNUNG.

______________________________________________________

______________________________________________________

# 5 Substantivierung/Nominalisierung von Verben

## So ist es richtig!

**Verben kann man auch wie Nomen verwenden. Diese nominalisierten Verben oder substantivierten Verben schreibt man groß.**

**Man erkennt sie daran, dass davor ein Artikel (Begleiter), ein Pronomen (Fürwort) oder eine Präposition (Verhältniswort) steht.**

**Beispiele**:

gehen – das Gehen: Das Gehen fällt ihm schwer.

sagen – das Sagen: Wer hat hier das Sagen?

lesen – das Lesen: Die Erstklässler üben das laute Lesen.

schreien – das Schreien: Sein Schreien kann ich weit hören.

spielen – beim Spielen: Beim Spielen hat sie die Zeit vergessen.

EA

**Aufgabe 1**: *Alles verboten? Schreibe weitere Sätze nach diesem Muster.*

**RAUCHEN – LÄRMEN – BALLSPIELEN – BETRETEN – HÜPFEN – REDEN – SINGEN – SCHIMPFEN**

DIE HäUFIGSTEN RECHTSCHREIBFEHLER
... und wie man sie vermeidet – Bestell-Nr. 11 990
KOHL VERLAG

# 5 Substantivierung/Nominalisierung von Verben

EA

**Aufgabe 2:** *Ergänze die passenden nominalisierten Verben. Achte auf die Großschreibung.*

AUSLACHEN • LAUFEN • ZÄHNEPUTZEN • ANZIEHEN
WARTEN • ÜBERQUEREN • KLINGELN • BÜRSTEN

Heute geht Jonas zum ersten Mal in die neue Schule. Das ________________ dorthin hat er schon oft geübt. Beim ____________________ am Morgen schaut er in den Spiegel. Das ________________________ der Haare hätte er beinahe vergessen! Auf das ________________________ durch seine neuen Klassenkameraden kann er gut verzichten. Nach dem __________________ seiner Jacke und Schuhe geht er los. Beim ____________________ der Kreuzung passt er gut auf. Da ist schon die Schule! Er ist viel zu früh. Aber sein Freund Daniel konnte das __________________ zuhause auch nicht mehr aushalten und ist schon da. Gemeinsam warten sie auf das ________________ zur ersten Stunde.

EA

**Aufgabe 3:** *Entscheide, ob das Wort groß oder klein geschrieben wird.*

**a)** Das (r/R)_____ennen hat sie ganz klar gewonnen.

**b)** Wer kann am schnellsten (l/L) _____aufen?

**c)** Das (r/R) _____attern der Straßenbahn stört mich.

**d)** Das laute (v/V)_____orlesen solltest du wieder üben.

**e)** Durch fleißiges (l/L)____ernen kann er jetzt so gut Spanisch.

**f)** Vor dem (e/E)_____ssen Hände waschen nicht vergessen!

**g)** Wollen wir zusammen Monopoly (s/S)______pielen?

**h)** Sein (l/L)____achen ist sehr laut.

**i)** Ihr (s/S)______chimpfen war zu viel für ihn.

**j)** Möchtest du in den Park (g/G)_____ehen?

**k)** Beim (k/K)_____lettern solltest du dich gut sichern.

# 6 Substantivierung/Nominalisierung von Adjektiven

## So ist es richtig!

**Adjektive kann man auch wie Nomen verwenden. Nominalisierte Adjektive erkennt man daran, dass davor ein Artikel (Begleiter), ein Pronomen (Fürwort) oder eine Mengenangabe steht. Sie werden groß geschrieben.**

**Beispiele:**

**Die Schönste im Raum bist du. Ein Bekannter von mir heißt Max.**

**Ihr Jüngster geht noch zur Schule. Die meisten Deutschen fahren gern in den Urlaub.**

EA

**Aufgabe 1:** *Trage die nominalisierten Adjektive an den passenden Stellen ein. Denke an die Großschreibung!*

**KLÜGERE – KLEINEN – NÄCHSTE – ÄLTESTER – GUTES – GELBES**

**a)** Da ist Familie Wacker. Ihr ____________________ wohnt jetzt in Köln.

**b)** Die ____________________ kommen für das Foto bitte nach vorne.

**c)** Zum Arzt kann jetzt der____________________, bitte!

**d)** Ich habe schon viel ____________________ über dich gehört.

**e)** Der ____________________ gibt nach!

**f)** Wir haben wenig ____________________ im Kleiderschrank.

EA

**Aufgabe 2:** *Schreibe Sätze nach diesem Muster.*

*Max kam als Erster ins Ziel.*
*Lina kam als Zweite ins Ziel.*

*Tahir kam als* ____________________

____________________

____________________

____________________

WETTRENNEN

**1.** Max
**2.** Lina
**3.** Tahir
**4.** Julia
**5.** Lukas
**6.** Esma

KOHL VERLAG
DIE HÄUFIGSTEN RECHTSCHREIBFEHLER ... und wie man sie vermeidet – Bestell-Nr. 11 990

# 6 Substantivierung/Nominalisierung von Adjektiven

EA

**<u>Aufgabe 3</u>:** *Wandle diese Sätze um wie im Beispiel.*

<u>Beispiel</u>: Eine blinde Frau sitzt auf der Bank. → Eine Blinde sitzt auf der Bank.

**a)** Ein freiwilliger Helfer zeigt uns den Eingang.

Ein ______________________________

**b)** Eine kranke Frau kommt in die Klinik.

Eine ______________________________

**c)** Einige arbeitslose Menschen fahren mit dem Bus.

Einige ______________________________

**d)** Der einheimische Mann bringt uns Suppe.

Der ______________________________

**e)** Die fremden Leute fragen nach dem Weg.

Die ______________________________

EA

**<u>Aufgabe 4</u>:** *Bilde mit diesen nominalisierten Adjektiven eigene Sätze.*

**Bekannter – Dumme –**
**Nächste – Neues – Alte**

______________________________

______________________________

______________________________

______________________________

______________________________

DIE HäUFIGSTEN RECHTSCHREIBFEHLER
KOHL VERLAG

# 7 Das Dehnungs-h

**<u>So ist es richtig!</u>**

**Ein Dehnungs-h kommt nach einem lang gesprochenen Vokal (Selbstlaut) in vielen Wörtern vor. Es steht nur vor den Konsonanten (Mitlauten) l, m, n, r.**

**<u>Beispiele</u>:**

**fühlen, Rahmen, Huhn, ihre**

**<u>Merkreim</u>:**

**Beginnt mit Sch, Q, T ein Wort, dann steht ein h wohl niemals dort.**

EA **<u>Aufgabe 1</u>:** *Umkreise alle Wörter, die ein Dehnungs-h haben. Findest du alle zehn Wörter?*

Schal Bohnen

Sohn Tochter ihr riechen

Regen fahren Fehler schlafen

nehmen fröhlich zehn

heute Zahl hässlich Ruhr

EA **<u>Aufgabe 2</u>:** *Finde in diesen Witzen alle Wörter mit Dehnungs-h und unterstreiche sie mit Lineal und farbigem Buntstift. Schreibe sie danach auf die Linien.*

**a)** Die Lehrerin ermahnt Tim und fragt ihn: „Warum kannst du dir die Rechtschreibung nicht merken?" Tim wehrt sich: „Weil sie für mich nicht zählt! Ich bin nämlich Linkshänder."

________________________________________

________________________________________

**b)** Der Lehrer fragt Pia: „Erzähl doch mal, wie geht denn das neue Auto deiner Eltern?" Da meint Pia: „Es geht gar nicht, es fährt". Der Lehrer verbessert sich: „Also gut, wie fährt es denn?" Pia sagt fröhlich: „Naja, es geht".

________________________________________

________________________________________

KOHL VERLAG
DIE HÄUFIGSTEN RECHTSCHREIBFEHLER ... und wie man sie vermeidet – Bestell-Nr. 11 990

# 7 Das Dehnungs-h

EA

**Aufgabe 3:** *Schreibe unter diese Bilder die passenden Wörter mit Dehnungs-h.*

der ____________

der ____________

das ____________

EA

**Aufgabe 4:** *Sortiere diese Wörter mit Dehnungs-h nach dem vorangehenden Vokal (Selbstlaut).*

**Jahr – fröhlich – suhlen – Stroh – Zahnpasta – zählen – Schuh – früh – wahr – verkehrt – ihr – Mehl – ihre – bohren – Ohr – fehlen – ihnen – Kuh**

| ah: | eh: | ih: |
|---|---|---|
| ____________ | ____________ | ____________ |
| ____________ | ____________ | ____________ |
| ____________ | ____________ | ____________ |
| **oh:** | **uh:** | **andere:** |
| ____________ | ____________ | ____________ |
| ____________ | ____________ | ____________ |
| ____________ | ____________ | ____________ |

EA

**Aufgabe 5:** *Setze in diese Wörter das Dehnungs-h ein, wenn es nötig ist.*

| | | |
|---|---|---|
| Schu___le | Bo___rmaschine | Mü___le |
| Erzä___lung | Fa___rrad | Gefü___l |
| kü___len | sa___gen | fe___len |
| frö___lich | gefä___rlich | ä___ngstlich |

# 8 Doppelte Konsonanten (Mitlaute)

**So ist es richtig!**

**Nach einem kurz gesprochenen Vokal (Selbstlaut) folgen immer mehrere Konsonanten (Mitlaute). Wenn nur ein Konsonant (Mitlaut) zu hören ist, wird dieser verdoppelt.**

**Beispiele:**

**Wasser, Hoffnung, fallen, rennen, immer**

EA

**Aufgabe 1:** *Umkreise alle acht Wörter mit doppelten Konsonanten.*

Zimmer

Tasse Lineal hören müssen regnen

Handy wenn Kinder dann

Klasse Biss Giraffe kleben

Pony

EA

**Aufgabe 2:** *Schreibe unter die Bilder das passende Wort mit doppeltem Konsonanten (Mitlaut).*

---

  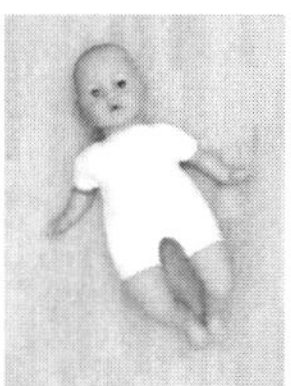 

---

DIE HäUFIGSTEN RECHTSCHREIBFEHLER
... und wie man sie vermeidet – Bestell-Nr. 11 990
KOHL VERLAG

# 8 Doppelte Konsonanten (Mitlaute)

EA

**Aufgabe 3:** *Welche Wörter haben kurze Vokale (Selbstlaute)? Markiere sie mit einem Punkt unter dem Vokal (Selbstlaut).*

| Pullover | Kleber | Knall | Weg |
|---|---|---|---|
| nehmen | reißen | füllen | gewinnen |
| still | dumm | klein | billig |

EA

**Aufgabe 4:** *Finde passende Reimwörter. Denke daran, dass sie auch mit doppeltem Konsonanten geschrieben werden.*

| | | | |
|---|---|---|---|
| hassen: | f______________ | l______________ | M______________ |
| Kette: | W______________ | Toi______________ | r______________ |
| Kuss: | Schl______________ | Sch______________ | m______________ |
| schaffen: | A______________ | Gir______________ | kl______________ |

EA

**Aufgabe 5:** *Doppelter Konsonant (Mitlaut) ja oder nein? Füge die Buchstaben richtig ein.*

| | | | |
|---|---|---|---|
| (m/mm) | schwi______en | | |
| (n/nn) | pla_____schen | | |
| (s/ss) | Wa_____er | | |
| (s/ss) | na_____ | | |
| (p/pp) | Pa_____a | | |
| (l/ll) | Fami_____ie | (l/ll) | Taucherbri_____e |
| (p/pp) | Badeka_____e | (l/ll) | We_____en |
| (z/zz) | sprit______en | (m/mm) | Schwi_____flügel |
| (t/t) | Mu_____er | (g/gg) | Ausflu_____ |

# 9 Doppelte Vokale (Selbstlaute)

## So ist es richtig!

**In einigen Merkwörtern werden lange Vokale verdoppelt. Das betrifft nur die Vokale a, e und o. Besonders häufig werden Vokale in kurzen Wörtern verdoppelt.**

**Beispiele:**

**Saal, leer, Zoo**

EA

**Aufgabe 1:** *Trage diese Wörter in den Lückenreim passend ein.*

**Schnee – Fee – Kartoffelpüree – Tee –**
**Idee – See – Orchidee – Kaffee**

Es war einmal eine kleine ________________,

die aß so gerne ________________________________.

Im Sommer badete sie im ________________,

im Winter tanzte sie im ________________.

Sie liebte den Duft einer ________________,

und hatte plötzlich eine ________________.

Sie lud Nachbarn ein zum ________________,

mit Kuchen und gutem ________________.

EA

**Aufgabe 2:** *Bilde möglichst viele Wörter mit aa und schreibe sie auf.*

| | | | |
|---|---|---|---|
| W | | ge | ________________ |
| S | | rland | ________________ |
| w | aa | gerecht | ________________ |
| H | | re | ________________ |
| St | | t | ________________ |
| P | | l | ________________ |

KOHL VERLAG Lernen mit Erfolg
DIE HÄUFIGSTEN RECHTSCHREIBFEHLER ... und wie man sie vermeidet – Bestell-Nr. 11 990

# 9 Doppelte Vokale (Selbstlaute)

EA

**Aufgabe 3:** *Finde in diesem Wortgitter acht Wörter mit doppeltem e. Schreibe sie auf die Linien.*

| E | I | N | K | P | A | T | R | S | E | E | L | E | Z |
|---|---|---|---|---|---|---|---|---|---|---|---|---|---|
| N | P | I | L | E | E | R | C | K | I | C | O | H | L |
| L | Ü | I | E | E | L | S | K | P | O | R | R | E | E |
| E | R | R | E | D | I | G | H | E | J | E | B | R | D |
| R | E | N | O | G | E | N | D | E | R | S | E | H | R |
| N | E | R | D | B | E | E | R | E | A | M | E | E | R |
| C | K | E | R | D | A | N | S | K | O | G | R | S | P |

EA

**Aufgabe 4:** *Verbinde die Wörter mit ihrer Bedeutung. Verwende ein Lineal.*

| | |
|---|---|
| Tournee | Marine-Unteroffizier |
| Reet | Haarwaschmittel |
| Shampoo | sumpfiges, morastiges Gebiet |
| Moor | Land |
| Maat | Serie von Auftritten eines Künstlers an mehreren Orten |
| Staat | Schilfrohr, das getrocknet zum Dachdecken verwendet wird |

EA

**Aufgabe 5:** *Schreibe mit jedem dieser Wörter einen Satz: Haare, Beet, Armee, Boot.*

EA

**Aufgabe 6:** *Wenn die Umlaute ä oder ö vorkommen, schreibt man sie nur einmal. Ergänze.*

das Paar – das Pärchen   das Haar – das ______

das Boot – das ______   der Saal – (Mehrzahl:) die ______

# 10 S-Laute: s, ss oder ß?

**So ist es richtig!**

**Es gibt das stimmhafte „S“, zum Beispiel in „Sahne“, „sofort“. Man erkennt es, wenn man beim Sprechen eine Hand an den Kehlkopf hält: er vibriert leicht. Es wird immer mit einfachem „s“ geschrieben.**

**Das stimmlose „S“ wird entweder mit „s“, „ss“ oder „ß“ geschrieben.**

**ß schreibt man nach einem langen Vokal (Selbstlaut), ss nach einem kurzen Vokal.**

EA

**Aufgabe 1:** *Halte eine Hand an deinen Kehlkopf und sprich diese Wörter aus. Kreuze an, ob das „S“ stimmhaft ist oder nicht.*

| Wort | s ist stimmhaft (Kehlkopf vibriert) | s ist stimmlos |
|---|---|---|
| Sand | | |
| Geheimnis | | |
| Riss | | |
| surfen | | |
| genießen | | |
| weise | | |
| meistens | | |

EA

**Aufgabe 2:** *Ergänze in diesen Sätzen die Wörter mit ß.*

**fleißig – weiß – schließlich – Fuß – heiße – Größe**

**a)** Das Baby spielt mit seinem ________________.

**b)** Meine Lieblingsfarbe ist ________________.

**c)** Sarah lernt ________________ für den Test.

**d)** ________________ möchte sie eine 1 oder 2 schaffen.

**e)** Mit Nachnamen ________________ ich nicht Müller.

**f)** Welche ________________ hast du bei Hosen?

DIE HÄUFIGSTEN RECHTSCHREIBFEHLER ... und wie man sie vermeidet – Bestell-Nr. 11 990
KOHL VERLAG

# 10 S-Laute: s, ss oder ß?

EA

**Aufgabe 3:** *Finde in diesem Wortgitter acht Wörter mit ss. Schreibe sie auf die Linien.*

| S | A | B | F | C | D | E | B | E | S | S | E | R | F | R | A | S | S | E | L |
|---|---|---|---|---|---|---|---|---|---|---|---|---|---|---|---|---|---|---|---|
| S | C | H | L | O | S | S | G | H | I | J | K | L | M | N | O | P | Q | S | T |
| U | R | V | U | W | X | Y | K | O | M | P | A | S | S | Z | A | B | C | S | D |
| E | G | I | S | K | L | M | N | A | B | E | E | S | U | V | G | H | I | E | N |
| F | H | J | S | C | H | L | U | S | S | L | L | E | K | I | S | S | E | N | R |

______________________________

______________________________

EA

**Aufgabe 4:** *Unterstreiche alle Wörter, in denen s oder ss vorkommt. Schreibe sie danach unten auf.*

**a)** Die Mutter erfährt, dass ihr Sohn zum Nachsitzen bleiben musste und fragt ihn: „Warum hast du mir gesagt, dass du dich mit Sonja triffst?“ Hans antwortet: „Sie war auch dort!“

**b)** Finja geht in die erste Klasse. Ihre Tante möchte wissen: „Kennst du schon das ABC?“ Finja sagt: „Na klar, sogar bis hundert!“

mit ss: ______________________________

mit s: ______________________________

______________________________

EA

**Aufgabe 5:** *Trage ss oder s ein.*

| | | |
|---|---|---|
| Gewi_____en | Ka_____e | Flu_____e |
| Be_____en | _____ekunde | Me_____er |
| aufpa_____en | ha_____en | vermi_____en |
| verge_____en | rei_____en | anson_____ten |

# 11 I-Laut: i oder ie?

## So ist es richtig!

**Zur Entscheidung, ob man ein einfaches „i“ oder ein „ie“ schreibt, hört man sich die Silben an.**

**Wenn in der Silbe nach dem „I“ noch ein anderer Laut kommt, wird einfaches „i“ geschrieben. Beispiele: Bil-der, In-sel, ver-miss-en**

**Wenn in der Silbe nach dem „I“ kein anderer Laut kommt, wird „ie“ geschrieben. Beispiele: Fie-ber, schlie-ßen, ver-lie-ren**

EA

**Aufgabe 1:** *Schreibe zu diesen Bildern die passenden Wörter mit „ie“.*

______________________________________________

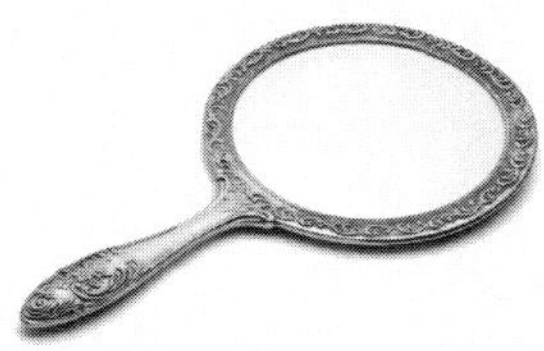

______________________________________________

EA

**Aufgabe 2:** *Setze in diesen Reimen die passenden Wörter mit i ein.*

**Apfelsine – Kinder – gewinnen – winken**

Auch wenn wir etwas spinnen, wir wollen im Lotto ______________________.

Die Inder haben viele ______________________.

Erst könnt ihr etwas trinken, dann müsst ihr zum Abschied ______________________.

Sie versteckt sich hinter der Gardine und beißt in eine ______________________.

# 11 I-Laut: i oder ie?

EA

**Aufgabe 3**: *Überprüfe, ob die Regel aus dem Merkkasten gilt. Schreibe diese Wörter in Silben auf.*

richtig schießen

riechen Silber singen Tiere Beispiel

verwirren Liegewiese Schilder

| Wörter mit einfachem „i“: in der Silbe weitere Buchstaben nach dem „i“ | Wörter mit „ie“: in der Silbe keine Buchstaben nach dem „ie“ |
|---|---|
| *rich-tig* | _____________ |
| _____________ | _____________ |
| _____________ | _____________ |
| _____________ | _____________ |
| _____________ | _____________ |

Trifft die Regel zu? ☐ Ja ☐ Nein

EA

**Aufgabe 4**: *Setze in diese Wörter entweder „i“ oder „ie“ ein.*

| | | | |
|---|---|---|---|
| fl_____gen | W_____nter | geschr_____ben | gel_____ngen |
| Schraubenz_____her | kl_____rren | T_____ntenpatrone | Fr_____den |

EA

**Aufgabe 5**: *Setze in den Lücken entweder „i“ oder „ie“ ein.*

Das Baby l_____gt _____n der W_____ge. Es _____st s_____ben Monate alt. Jede Woche müssen d_____ F_____ngernägel geschn_____tten werden. Dabei zappelt es z_____mlich stark. Es mag l_____ber sp_____len und B_____lderbücher anschauen. Dar_____n s_____nd v_____le B_____lder von T_____ren und Sp_____lzeug.

# 12 Das oder dass?

## So ist es richtig!

**„Das" mit einem s bezieht sich immer auf ein Nomen (Namenwort).**

**Beispiel: Das Haus, das gelb gestrichen wurde, ist im Römerweg.**

**Er erklärte, das Vorhaben sei wichtig.**

**„Dass" mit Doppel-s leitet einen Nebensatz ein.**

**Beispiele: Das Haus ist so gelb, dass es fast leuchtet. Er erklärte, dass das Vorhaben wichtig sei.**

**Merkreim: Das s im „das" steht ganz allein; passt dieses, jenes, welches rein.**

EA

**Aufgabe 1**: *Füge vier Sätze nach deiner Wahl zusammen und schreibe sie auf.*

| | | |
|---|---|---|
| Sie behauptet, | | die Erde eine Scheibe ist. |
| Er glaubt, | dass | die 13 eine Glückszahl ist. |
| Wir finden, | | das Wochenende zu kurz ist. |
| Du lügst, | | der Regenbogen sechs Farben hat. |

EA

**Aufgabe 2**: *Schreibe ähnliche Sätze zum Spielwarenladen.*
*Verwende diese Wörter:*

**Puzzle – Fahrrad – Fotoalbum – Auto – Spielhaus**

Beispiel: Dort ist das Buch, das ich mir wünsche.

Dort ist das

DIE HÄUFIGSTEN RECHTSCHREIBFEHLER ... und wie man sie vermeidet – Bestell-Nr. 11 990
KOHL VERLAG

# 12 Das oder dass?

EA **Aufgabe 3:** *Setze in diesen Infotext zum Gewitter an den passenden Stellen „das" oder „dass" ein.*

Man sieht bei einem Gewitter, _______________ viele dunkle Wolken aufziehen. Wolken bestehen aus sehr feinen Wassertropfen. Wenn nun ein Gewitter heranzieht, kühlt die oberste Luftschicht so stark ab, _______________ sich oben in der Wolke sogar Eiskristalle bilden.

Sie werden vom Wind hin- und herbewegt. Dabei reiben sie sich aneinander und laden sich elektrisch auf. _______________ führt zu einer elektrischen Spannung. Diese Spannung entlädt sich plötzlich, dabei entsteht ganz helles Licht – _______________ wir als Blitz am Himmel sehen. Der Blitz ist so heiß, _______________ er die umgebende Luft erwärmt. Diese dehnt sich sehr schnell aus, so schnell, _______________ sie sogar die Schallmauer durchbricht. Dabei knallt es sehr laut und wir hören einen Donner.

_______________ sollte man wissen: Ein Blitzschlag ist tatsächlich gefährlich. Wenn man bei einem Gewitter draußen ist, sollte man sich möglichst flach in die Erde ducken. Auch _______________ Schwimmen oder _______________ Bootfahren ist gefährlich. _______________ Auto ist dagegen ein sehr sicherer Ort bei einem Gewitter und ebenso ein Haus, _______________ einen Blitzableiter hat.

EA **Aufgabe 4:** *Kannst du statt „das/dass" hier auch „dieses/jenes/welches" einsetzen? Schreibe den Satz darunter mit dieses/jenes/welches auf und füge dann „das" oder „dass" ein.*

**a)** Das Gewitter von gestern Nacht, ___________ habe ich gehört.

_______________________________________________

**b)** Das Gewitter führte dazu, ___________ ich nicht schlafen konnte.

_______________________________________________

**c)** Das Gewitter, ___________ gestern Nacht geschah, war sehr laut.

_______________________________________________

DIE HÄUFIGSTEN RECHTSCHREIBFEHLER
KOHL VERLAG

# Abschlusstest

## Was sind deine häufigsten Rechtschreibfehler?

**1.** Schreibe diese Sätze in richtiger Groß- und Kleinschreibung.

KARL DER GROSSE WAR DER ÄLTESTE VON DREI GESCHWISTERN.

_______________________________________________

DAS LESEN UND SCHREIBEN MACHTE IHM VIEL FREUDE.

_______________________________________________

/17 P

**2.** Setze in diese Wörter das Dehnungs-h ein, wenn es nötig ist.

| | | |
|---|---|---|
| Mö_____re | Stra____ße | Bana_____ne |
| Bo____rer | fü____ren | sie_____gen |

/6 P

**3.** Setze in diese Wörter die einfachen oder doppelten Buchstaben ein.

| | | |
|---|---|---|
| (t/tt) ra_____en | (g/gg) Ba_____er | (f/ff) o____en |
| (e/ee) Id_____ | (a/aa) t____nzen | (o/oo) M_____s |

/6 P

**4.** i oder ie? Unterstreiche die falsch geschriebenen Wörter und verbessere sie.

Kiender lifen über die Wise. _______________________________

Am Spilplatz ist eine Wieppe. _______________________________

/6 P

**5.** s oder ss oder ß?

| | | |
|---|---|---|
| hä_____lich | du mu_____t | So_____e |
| hei____ | Ra____el | Rei____ |

/5 P

**6.** Das oder dass? ___________ Puzzle, ___________ ich im Laden gesehen habe, wünsche ich mir. Ich hoffe, ___________ ich ___________ Puzzle zum Geburtstag bekomme.

/4 P

Gesamt: _______ von 44 Punkten



DIE HäUFIGSTEN RECHTSCHREIBFEHLER ... und wie man sie vermeidet – Bestell-Nr. 11 990

# Lösung Abschlusstest

## Was sind deine häufigsten Rechtschreibfehler?

Hinweis zur Auswertung:
In jeder Aufgabe gibt es für jedes richtig geschriebene Wort einen Punkt.

**1.** Schreibe diese Sätze in richtiger Groß- und Kleinschreibung.

KARL DER GROSSE WAR DER ÄLTESTE VON DREI GESCHWISTERN.
Karl der Große war der Älteste von drei Geschwistern.

DAS LESEN UND SCHREIBEN MACHTE IHM VIEL FREUDE.
Das Lesen und Schreiben machte ihm viel Freude. /17 P

**2.** Setze in diese Wörter das Dehnungs-h ein, wenn es nötig ist.

| | | |
|---|---|---|
| Möhre | Straße | Banane |
| Bohrer | führen | siegen |

/6 P

**3.** Setze in diese Wörter die einfachen oder doppelten Buchstaben ein.

| | | |
|---|---|---|
| ra (t/tt) ten | (g/gg) Bagger | (f/ff) offen |
| (e/ee) Idee | (a/aa) tanzen | (o/oo) Moos |

/6 P

**4.** i oder ie? Unterstreiche die falsch geschriebenen Wörter und verbessere sie.

| | |
|---|---|
| Kiender lifen über die Wise. | Kinder, liefen, Wiese |
| Am Spilplatz ist eine Wieppe. | Spielplatz, Wippe |

/6 P

**5.** s oder ss oder ß?

| | | |
|---|---|---|
| hässlich | du musst | Soße |
| heiß | Rassel | Reise |

/5 P

**6.** Das oder dass? Das Puzzle, das ich im Laden gesehen habe, wünsche ich mir. Ich hoffe, dass ich das Puzzle zum Geburtstag bekomme. /4 P

Gesamt: _______ von 44 Punkten

41-44 Punkte: Gold! 35-40 Punkte: Silber! 28-34 Punkte: Bronze!

# 1 LÖSUNG – Großschreibung am Satzanfang

**Aufgabe 1:** *Finde in diesem Text alle Satzanfänge, die klein geschrieben wurden und verbessere sie. Streiche einfach den ersten Buchstaben durch und schreibe ihn groß auf die Zeile darüber.*

H E E

~~h~~eute ist ein sonniger Tag. ~~e~~s ist ganz warm geworden. ~~e~~ndlich ist der Sommer

O

da! ~~o~~b wir wohl heute das Planschbecken auf dem Balkon aufbauen?

D U

~~d~~as wäre so schön. ~~u~~nd vielleicht kann ich ja auch meinen Freund Frederik

D

einladen. ~~d~~ann können wir zusammen auf dem Balkon planschen.

**Aufgabe 2:** *Finde die passenden Satzanfänge in diesem Kasten und trage sie passend ein. Schreibe sie groß.*

*Am* Abend werden Franz und Hanna müde. *Eben* haben sie noch unter dem Tisch eine Höhle gebaut. *Doch* jetzt fallen ihnen die Augen zu. *Ihre* Schlafanzüge haben sie schon angezogen. *Auch* die Zähne sind schon geputzt. *Sie* legen sich in ihre Betten. *Mama* und Papa sagen gute Nacht und löschen das Licht.

**Aufgabe 3:** *Schreibe in diesem Text über den Sperling alle Satzanfänge groß. Überlege selbst, welcher Buchstabe eingesetzt werden muss.*

**Der Sperling**

*Der* Haussperling wird auf lateinisch Passer domesticus genannt und die meisten Menschen kennen ihn als Spatz. *Er* ist einer der bekanntesten Singvögel. Sperlinge sind weit verbreitet und ihr weltweiter Bestand wird auf ungefähr 500 Millionen Tiere geschätzt.

*Ungefähr* 30 Gramm wiegt ein Sperling und die Körperlänge liegt bei ungefähr 15 Zentimetern. *Besonders* auffallend sind sein großer Kopf und der kräftige Schnabel. *Die* Flügel sind ungefähr 7 bis 8 Zentimeter lang. *Wenn* die Flügel aufgespannt sind, haben sie eine Spannweite von etwa 23 Zentimetern. *Männliche* Sperlinge singen mit einer lauten Stimme rhythmisches „Tschilp".

**Aufgabe 4:** *In diesem Text ist nicht klar, wo ein Satz endet und wo ein neuer Satz beginnt. Füge Satzzeichen ein und schreibe das folgende Wort groß.*

**Der Strand**

Heute ist ein schöner Tag . Wir wollen zum Strand gehen. Die Möwen kreischen ganz laut. Ob sie wohl Futter finden? Die Ostsee ist heute ganz glatt. Der Sand ist schön warm. Wir setzen uns. Tante Inga hat eine Picknickdecke dabei und verteilt Obst. Weintrauben schmecken mir besonders gut. Jetzt ziehen wir Badesachen an und rennen zum Wasser. Wir spritzen uns mit dem Wasser nass. Dann gehe ich ein paar Schritte in das kühle Wasser. Tante Inga ruft: „Schwimmt nicht zu weit raus !" Natürlich passen wir auf! Weiter als bis zur Boje sind wir noch nie geschwommen.

# 2 LÖSUNG – Großschreibung nach Doppelpunkt

**Aufgabe 1:** *Unterstreiche in diesen Sätzen alle Doppelpunkte und die Großbuchstaben danach mit Lineal und einem farbigen Stift.*

a) Meine Erwartung an den Tag: Wir werden erste Wörter auf Spanisch lernen.
b) Sie rief: Ich habe meine Schuhe vergessen!
c) Die Ärztin fragte: Tut es hier weh?
d) Der Garten, die Laube und der Pool: Das alles gehört Familie Hansen.
e) Und dann sagte er auf einmal: Dort geht es nicht weiter.
f) Daraus folgt: Die Mühe hat sich gelohnt.
g) Die Sonne schien, dann kam Regen dazu: Am Himmel stand ein Regenbogen.

**Aufgabe 2:** *Finde die passenden Satzanfänge in diesem Kasten und trage sie passend ein. Schreibe sie groß.*

a) Eine CD legt man so ein: Zuerst am Gerät auf die Taste „Open" drücken.
b) Er rief ihr nach: Das war ein schöner Tag!
c) Achtung: Bitte Ruhe im Studio, wenn das Licht blinkt.
d) Montag: Wir machen einen Ausflug zum Badesee.
e) Und am Ende haben wir gelernt: Liebeskummer lohnt sich nicht.

**Aufgabe 3:** *In den folgenden Beispielen kommen auch Doppelpunkte vor. Warum ist es hier richtig, nach dem Doppelpunkt klein weiterzuschreiben? Lies noch einmal den Merksatz oben und begründe dann deine Antwort.*

Beispiele

a) Meine Hobbies: singen, lesen, Klavier spielen
b) Familienstand: verheiratet

Begründung

In diesen Wortgruppen folgt auf den Doppelpunkt kein vollständiger Satz.
In a) folgt ein Verb, in b) ein Adjektiv. Diese Wörter werden klein geschrieben.

**Aufgabe 4:** *In den folgenden Sätzen folgt auf den Doppelpunkt entweder:*

- ein vollständiger Satz, dann wird nach dem Doppelpunkt groß geschrieben

oder

- ein nicht vollständiger Satz, dann wird nach dem Doppelpunkt klein geschrieben, wenn das Wort kein Nomen ist oder aus anderen Gründen groß geschrieben werden muss.

Entscheide selbst und trage den passenden Buchstaben ein.

a) Es gibt vier Himmelsrichtungen: Norden, Osten, Süden, Westen (N/n)
b) Seine Schwester sieht gut aus: braune Augen, lange seidige Haare. (B/b)
c) Er rief ihr zu: Fang den Ball! (F/f)
d) Auf meiner Pizza hätte ich gerne: Tomaten, Paprika, Broccoli, viel Käse (T/t)
e) Unser Plan für Dienstag: Wir fahren in den Zoo. (W/w)
f) Mische gelb und rot: Es ergibt sich orange. (E/e)
g) Und da sehe ich nach oben: Die Wolken waren weg! (D/d)
h) Aufgepasst: Nomen schreibt man groß. (N/n)
i) Was ich damit sagen wollte: Ich liebe dich. (I/i)
j) Und jetzt erst mal: warten. (W/w)

# 3 LÖSUNG – Großschreibung von Nomen

**Aufgabe 1:** *Schreibe die Nomen mit ihrem Artikel (Begleiter) auf. Denke an die Großschreibung.*

der Hund | die Katze | das Kaninchen/der Hase

der Schlüssel | die Lupe | das Werkzeug

**Aufgabe 2:** *Unterstreiche in diesem Text alle elf Nomen mit Lineal und einem farbigen Stift.*

*Moritz muss heute zum Arzt, denn er soll gegen Keuchhusten geimpft werden. Im Wartezimmer gibt es Comichefte. Die liest er gerne! Als er aufgerufen wird, geht er in das Behandlungszimmer. Die Arzthelferin tupft seinen Arm kalt ab und gibt ihm die Spritze. Danach trägt sie die Impfung in den Ausweis ein.*

**Aufgabe 3:** *Kreuze immer das Zutreffende an.*

| Wort | kann ich haben | kann ich anfassen | kein Nomen | Nomen |
|---|---|---|---|---|
| FENSTER | X | X | | X |
| SINGEN | | | X | |
| TRAUM | X | | | X |
| FIEBER | X | | | X |
| IDEE | X | | | X |
| VERLETZT | | | X | |
| VERLETZUNG | X | X | | X |
| KATZE | X | X | | X |
| GESPRÄCH | X | | | X |
| LANGSAM | | | X | |
| URLAUB | X | | | X |
| LANGEWEILE | X | | | X |
| RADIERGUMMI | X | X | | X |
| JACKE | X | X | | X |
| FAHREN | | | X | |

**Aufgabe 4:** *Kreise alle Nomen mit einem farbigen Stift ein. Findest du alle zehn Nomen?*

**KINDER** HÜPFEN **BALL** **HASE** SPIELEN
ZUHÖREN WERFEN ETWAS RUND NEU
KLEIN **ANGST** OBWOHL TROTZDEM
**TRAKTOR** **WIESE** **SPIELPLATZ**
**WURM** **ZEIT** **MONAT** BALD

# 3 LÖSUNG – Großschreibung von Nomen

**Aufgabe 5:** *Setze in diesen Lückentext die Nomen aus dem Kasten passend ein.*

Am Sonntagmorgen sagte Papa zu Clara: „ Wie wäre es, wenn du heute mal für uns die Brötchen holst? Du bist doch jetzt schon groß. Traust du dich, alleine zum Bäcker im Lindenweg zu gehen?“ Sie antwortete: „Ja, das kann ich machen. Gibst du mir Geld mit?“ Papa gab ihr einen 5-Euro-Schein. Er erklärte ihr, dass sie drei Stücke Apfelkuchen, drei Kaiserbrötchen und drei Vollkornbrötchen kaufen sollte. „Das schaffe ich schon“, meinte Clara. Sie nahm noch einen Beutel mit und ging los.

**Aufgabe 6:** *Finde in diesem Wortgitter acht Wörter. Schreibe sie in richtiger Groß- oder Kleinschreibung auf die Linien.*

| | | | | | | | | | | | | | |
|---|---|---|---|---|---|---|---|---|---|---|---|---|---|
| | P | A | P | R | I | K | A | | | | | | |
| | | N | | | | | | | | | R | | |
| | | H | | | | | W | A | S | S | E | R | |
| | B | A | U | M | | | | | | | I | | |
| | | L | | | | | G | | | | C | | |
| | | T | | | | F | R | I | S | C | H | | |
| | | E | | | | | A | | | | | | |
| | | N | | | N | E | U | G | I | E | R | I | G |
| | | | | | | | | | | | | | |

Paprika
Wasser
Baum
frisch
neugierig
anhalten
grau
reich oder: das Reich

**Aufgabe 7:** *In diesem Text sind die Nomen klein geschrieben. Finde sie und schreibe sie mit großen Anfangsbuchstaben auf die Zeile darüber. Entdeckst du alle 20 Nomen?*

Mama
„Hätte ich das doch bloß gelassen!“, schimpfte mama mit sich selbst. Aber nun

Fenster Putzeimer
war es schon geschehen. Sie hatte die fenster putzen wollen. Mit dem putzeimer,

Fensterreiniger Lappen Leiter
fensterreiniger und einem lappen ausgerüstet hatte sie die leiter betreten und

Schritt
einen falschen schritt gemacht.

Papa Krankenhaus Knöchel
Vorhin hatte papa sie aus dem krankenhaus abgeholt. Der linke knöchel war

Mama Bandage Knöchel Sofa
gebrochen und nun lag mama mit einer bandage um den knöchel auf dem sofa.

Paul Pascal Sesseln
„Nichts kann ich mehr tun“, jammerte sie. paul und pascal saßen auf den sesseln

Mutter
neben ihr und schauten ihre mutter an.

„Könnt ihr mir helfen?“, fragte sie ihre

Kinder Söhne
beiden kinder. „Na klar!“, antworteten die söhne.

# 4 LÖSUNG – Großschreibung von Eigennamen

**Aufgabe 1**: *Schreibe diese Namen in richtiger Groß- und Kleinschreibung auf. Übrigens: alle diese Personen gab es tatsächlich!*

| | |
|---|---|
| *ALEXANDER DER GROẞE* | *PIPPIN DER KURZE* |
| *Alexander der Große* | *Pippin der Kurze* |
| *IWAN DER SCHRECKLICHE* | *MARIA DIE BLUTIGE* |
| *Iwan der Schreckliche* | *Maria die Blutige* |
| *JOHANNA DIE LAHME* | *FRIEDRICH DER FETTE* |
| *Johanna die Lahme* | *Friedrich der Fette* |

**Aufgabe 2**: *Schreibe diese Eigennamen in richtiger Groß- und Kleinschreibung auf.*

| | |
|---|---|
| *DER TEUTOBURGER WALD* | *DIE BERLINER LUFT* |
| *Der Teutoburger Wald* | *Die Berliner Luft* |
| *DIE HEILIGEN DREI KÖNIGE* | *DER SCHWEIZER KÄSE* |
| *Die Heiligen Drei Könige* | *Der Schweizer Käse* |
| *DIE TSCHECHISCHE REPUBLIK* | *DER ERSTE WELTKRI* |
| *Die Tschechische Republik* | *Der Erste Weltkrieg* |

**Aufgabe 3**: *In jedem Satz haben sich zwei Eigennamen versteckt. Unterstreiche sie mit Lineal und farbigem Stift.*

a) Sophie ist die große Schwester von Theo.
b) Unsere Hündin heißt Lotti und unser Vogel heißt Pit.
c) Marie wurde in Berlin geboren.
d) Tom kauft eine große Packung Tempotaschentücher.
e) Frederik isst am liebsten im Restaurant Pfeffermühle.
f) Am Schwarzen Brett ist ein Foto des Eiffelturms zu sehen.
g) Fahrt ihr nach Frankfurt am Main oder Frankfurt an der Oder?
h) Jonathan fragte: „Kannst du mir bitte den Tesafilm geben?“

**Aufgabe 4**: *Kreise alle Nomen mit einem farbigen Stift ein. Findest du alle zehn Nomen?*

a) AM HIMMEL SIEHT MAN DAS STERNBILD GROSSER WAGEN.
Am Himmel sieht man das Sternbild Großer Wagen.

b) DER AMERIKANISCHE PRÄSIDENT WOHNT IM WEISSEN HAUS.
Der amerikanische Präsident wohnt im Weißen Haus.

c) WIR FAHREN ZUM KAP DER GUTEN HOFFNUNG.
Wir fahren zum Kap der Guten Hoffnung.

# 5 LÖSUNG – Substantivierung/Nominalisierung von Verben

**Aufgabe 1:** *Alles verboten? Schreibe weitere Sätze nach diesem Muster.*

a) Das Schreien ist verboten.
b) Das Rauchen ist verboten.
c) Das Lärmen ist verboten.
d) Das Ballspielen ist verboten.
e) Das Betreten ist verboten.
f) Das Hüpfen ist verboten.
g) Das Reden ist verboten.
h) Das Singen ist verboten.
i) Das Schimpfen ist verboten.

**Aufgabe 2:** *Ergänze die passenden nominalisierten Verben. Achte auf die Großschreibung.*

Heute geht Jonas zum ersten Mal in die neue Schule. Das Laufen dorthin hat er schon oft geübt. Beim Zähneputzen am Morgen schaut er in den Spiegel. Das Bürsten der Haare hätte er beinahe vergessen! Auf das Auslachen durch seine neuen Klassenkameraden kann er gut verzichten. Nach dem Anziehen seiner Jacke und Schuhe geht er los. Beim Überqueren der Kreuzung passt er gut auf. Da ist schon die Schule! Er ist viel zu früh. Aber sein Freund Daniel konnte das Warten zuhause auch nicht mehr aushalten und ist schon da. Gemeinsam warten sie auf das Klingeln zur ersten Stunde.

**Aufgabe 3:** *Entscheide, ob das Wort groß oder klein geschrieben wird.*

a) Das (r/R) Rennen hat sie ganz klar gewonnen.
b) Wer kann am schnellsten (l/L) laufen?
c) Das (r/R) Rattern der Straßenbahn stört mich.
d) Das laute (v/V) Vorlesen solltest du wieder üben.
e) Durch fleißiges (l/L) Lernen kann er jetzt so gut Spanisch.
f) Vor dem (e/E) Essen Hände waschen nicht vergessen!
g) Wollen wir zusammen Monopoly (s/S) spielen?
h) Sein (l/L) Lachen ist sehr laut.
i) Ihr (s/S) Schimpfen war zu viel für ihn.
j) Möchtest du in den Park (g/G) gehen?
k) Beim (k/K) Klettern solltest du dich gut sichern.

# 6 LÖSUNG – Substantivierung/Nominalisierung von Adjektiven

**Aufgabe 1:** *Trage die nominalisierten Adjektive an den passenden Stellen ein. Denke an die Großschreibung!*

a) *Da ist Familie Wacker. Ihr Ältester wohnt jetzt in Köln.*

b) *Die Kleinen kommen für das Foto bitte nach vorne.*

c) *Zum Arzt kann jetzt der Nächste bitte!*

d) *Ich habe schon viel Gutes über dich gehört.*

e) *Der Klügere gibt nach!*

f) *Wir haben wenig Gelbes im Kleiderschrank.*

**Aufgabe 2:** *Schreibe Sätze nach diesem Muster.*

*Max kam als Erster ins Ziel.*

*Lina kam als Zweite ins Ziel.*

*Tahir kam als Dritter ins Ziel.*

*Julia kam als Vierte ins Ziel.*

*Lukas kam als Fünfter ins Ziel.*

*Esma kam als Sechste ins Ziel.*

WETTRENNEN

1. Max
2. Lina
3. Tahir
4. Julia
5. Lukas
6. Esma

**Aufgabe 3:** *Wandle diese Sätze um wie im Beispiel.*

a) Ein freiwilliger Helfer zeigt uns den Eingang.
Ein Freiwilliger zeigt uns den Eingang.

b) Eine kranke Frau kommt in die Klinik.
Eine Kranke kommt in die Klinik.

c) Einige arbeitslose Menschen fahren mit dem Bus.
Einige Arbeitslose fahren mit dem Bus.

d) Der einheimische Mann bringt uns Suppe.
Der Einheimische bringt uns Suppe.

e) Die fremden Leute fragen nach dem Weg.
Die Fremden fragen nach dem Weg.

**Aufgabe 4:** *Bilde mit diesen nominalisierten Adjektiven eigene Sätze.*

**zum Beispiel: Ein Bekannter von mir hat beim Lotto gewonnen. Der Ehrliche ist der Dumme. Liebe deinen Nächsten wie dich selbst. Das ist etwas Neues. Eine Alte tanzt ausgelassen Tango.**

# 7 LÖSUNG – Das Dehnungs-h

**Aufgabe 1:** *Umkreise alle Wörter, die ein Dehnungs-h haben. Findest du alle zehn Wörter?*

Schal (Bohnen)
(Sohn) Tochter (ihr) riechen
Regen (fahren) (Fehler) schlafen
(nehmen) (fröhlich) (zehn)
heute (Zahl) hässlich (Ruhr)

**Aufgabe 2:** *Umkreise alle Wörter, die ein Dehnungs-h haben. Findest du alle zehn Wörter?*

a) Die Lehrerin ermahnt Tim und fragt ihn: „Warum kannst du dir die Rechtschreibung nicht merken?“ Tim wehrt sich: „Weil sie für mich nicht zählt! Ich bin nämlich Linkshänder.“ Lehrerin, ermahnt, ihn, wehrt, zählt

b) Der Lehrer fragt Pia: „Erzähl doch mal, wie geht denn das neue Auto deiner Eltern?“ Da meint Pia: „Es geht gar nicht, es fährt“. Der Lehrer verbessert sich: „Also gut, wie fährt es denn?“ Pia sagt fröhlich: „Naja, es geht“.

**Aufgabe 3:** *Schreibe unter diese Bilder die passenden Wörter mit Dehnungs-h.*

der Stuhl

der Blumenkohl

das Fahrrad

**Aufgabe 4:** *Sortiere diese Wörter mit Dehnungs-h nach dem vorangehenden Vokal (Selbstlaut).*

| **ah:** | **eh:** | **ih:** |
|---|---|---|
| Jahr | verkehrt | ihr |
| Zahnpasta | Mehl | ihre |
| wahr | fehlen | ihnen |
| **oh:** | **uh:** | **andere:** |
| Stroh | suhlen | fröhlich |
| bohren | Schuh | zählen |
| Ohr | Kuh | früh |

**Aufgabe 5:** *Setze in diese Wörter das Dehnungs-h ein, wenn es nötig ist.*

| | | |
|---|---|---|
| Schule | Bohrmaschine | Mühle |
| Erzählung | Fahrrad | Gefühl |
| kühlen | sagen | fehlen |
| fröhlich | gefährlich | ängstlich |

# 8 LÖSUNG – Doppelte Konsonanten (Mitlaute)

**Aufgabe 1:** *Umkreise alle acht Wörter mit doppelten Konsonanten.*

Zimmer (umkreist), Tasse (umkreist), Lineal, hören, müssen (umkreist), regnen, Handy, wenn (umkreist), Kinder, dann (umkreist), Klasse (umkreist), Biss (umkreist), Giraffe (umkreist), kleben, Pony

**Aufgabe 2:** *Schreibe unter die Bilder das passende Wort mit doppeltem Konsonanten (Mitlaut).*

| | | | |
|---|---|---|---|
|  |  |  |  |
| *Kamm* | *Teddybär* | *Löffel* | *Kokosnuss* |
|  |  | 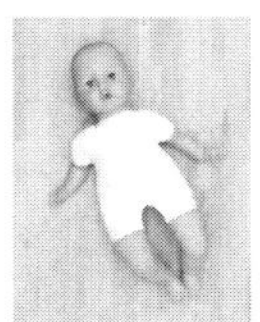 |  |
| Trommel | Tanne | Puppe | Sonnenbrille |

**Aufgabe 3:** *Welche Wörter haben kurze Vokale (Selbstlaute)? Markiere sie mit einem Punkt unter dem Vokal (Selbstlaut).*

| | | | |
|---|---|---|---|
| Pullover ▪ | Kleber | Knall ▪ | Weg |
| nehmen | reißen | füllen ▪ | gewinnen |
| still ▪ | dumm ▪ | klein | billig ▪ |

**Aufgabe 4:** *Finde passende Reimwörter. Denke daran, dass sie auch mit doppeltem Konsonanten geschrieben werden.*

| | |
|---|---|
| hassen: | fassen, lassen, Massen |
| Kette: | Wette, Toilette, rette |
| Kuss: | Schluss, Schuss, muss |
| schaffen: | Affen, Giraffen, klaffen |

**Aufgabe 5:** *Doppelter Konsonant (Mitlaut) ja oder nein? Füge die Buchstaben richtig ein.*

| | | | |
|---|---|---|---|
| (m/mm) | schwimmen | | |
| (n/nn) | planschen | | |
| (s/ss) | Wasser | | |
| (s/ss) | nass | | |
| (p/pp) | Papa | | |
| (l/ll) | Familie | (l/ll) | Taucherbrille |
| (p/pp) | Badekappe | (l/ll) | Wellen |
| (z/zz) | spritzen | (m/mm) | Schwimmflügel |
| (t/t) | Mutter | (g/gg) | Ausflug |

# 9 LÖSUNG – Doppelte Vokale (Selbstlaute)

**Aufgabe 1:** *Trage diese Wörter in den Lückenreim passend ein.*

Es war einmal eine kleine *Fee*,
die aß so gerne *Kartoffelpüree*.
Im Sommer badete sie im *See*,
im Winter tanzte sie im *Schnee*.

Sie liebte den Duft einer Orchidee,
und hatte plötzlich eine *Idee*:
Sie lud Nachbarn ein zum *Kaffee*/*Tee*,
mit Kuchen und gutem *Tee*/*Kaffee*.

**Aufgabe 2:** *Bilde möglichst viele Wörter mit aa und schreibe sie auf.*

| | | | |
|---|---|---|---|
| W | | ge | Waage, Saarland, Saat, Saal, |
| S | | | rland waagerecht, Haare, Staat, |
| w | aa | gerecht | Paare, Aal |
| H | | | re |
| St | | | t |
| P | | | l |

**Aufgabe 3:** *Finde in diesem Wortgitter acht Wörter mit doppeltem e. Schreibe sie auf die Linien.*

| | | | | | | | | | | | | | |
|---|---|---|---|---|---|---|---|---|---|---|---|---|---|
| | | | K | | | | | S | E | E | L | E | |
| | P | | L | E | E | R | | | | | O | | |
| | Ü | | E | | | | | P | O | R | R | E | E |
| | R | | E | | | | | | | | B | | |
| | E | | | | | | | | | | E | | |
| | E | R | D | B | E | E | R | E | | M | E | E | R |
| | | | | | | | | | | | R | | |

Seele,
leer,
Porree,
Erdbeere,
Meer,
Püree,
Klee,
Lorbeer

**Aufgabe 4:** *Verbinde die Wörter mit ihrer Bedeutung. Verwende ein Lineal.*

| | |
|---|---|
| Tournee | Marine-Unteroffizier |
| Reet | Haarwaschmittel |
| Shampoo | sumpfiges, morastiges Gebiet |
| Moor | Land |
| Maat | Serie von Auftritten eines Künstlers an mehreren Orten |
| Staat | Schilfrohr, das getrocknet zum Dachdecken verwendet wird |

**Aufgabe 5:** *Schreibe mit jedem dieser Wörter einen Satz: Haare, Beet, Armee, Boot.*

Zum Beispiel: Die roten Haare stehen dir gut. Ich pflanze Radieschen in das Beet. Die Armee steht bereit. Mit dem Boot fahren wir zur Insel.

**Aufgabe 6:** *Wenn die Umlaute ä oder ö vorkommen, schreibt man sie nur einmal. Ergänze.*

| | |
|---|---|
| das Paar – das Pärchen | das Haar – das Härchen |
| das Boot – das Bötchen | der Saal – (Mehrzahl:) die Säle |

# 10 LÖSUNG – S-Laute: s, ss oder ß

**Aufgabe 1:** *Halte eine Hand an deinen Kehlkopf und sprich diese Wörter aus. Kreuze an, ob das „S“ stimmhaft ist oder nicht.*

| Wort | s ist stimmhaft (Kehlkopf vibriert) | s ist stimmlos |
|---|---|---|
| Sand | X | |
| Geheimnis | | X |
| Riss | | X |
| surfen | | X |
| genießen | | X |
| weise | X | |
| meistens | | X |

**Aufgabe 2:** *Ergänze in diesen Sätzen die Wörter mit ß.*

a) Das Baby spielt mit seinem Fuß.

b) Meine Lieblingsfarbe ist weiß.

c) Sarah lernt fleißig für den Test.

d) Schließlich möchte sie eine 1 oder 2 schaffen.

e) Mit Nachnamen heiße ich nicht Müller.

f) Welche Größe hast du bei Hosen?

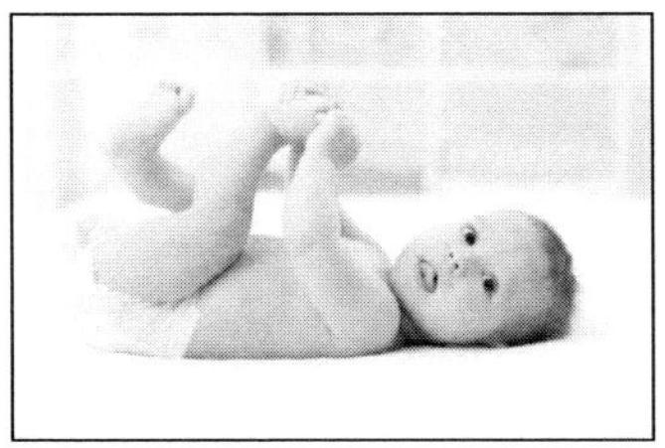

**Aufgabe 3:** *Finde in diesem Wortgitter acht Wörter mit ss. Schreibe sie auf die Linien.*

| | | | | | | | | | | | | | | | | | | | |
|---|---|---|---|---|---|---|---|---|---|---|---|---|---|---|---|---|---|---|---|
| | | | F | | | | B | E | S | S | E | R | | R | A | S | S | E | L |
| S | C | H | L | O | S | S | | | | | | | | | | | | S | |
| | | | U | | | | K | O | M | P | A | S | S | | | | | S | |
| | | | S | | | | | | | | | | | | | | | E | |
| | | | S | C | H | L | U | S | S | | | | K | I | S | S | E | N | |

besser, Rassel, Schloss, Kompas, Schluss, Kissen, Fluss, Essen

**Aufgabe 4:** *Unterstreiche alle Wörter, in denen s oder ss vorkommt. Schreibe sie danach unten auf.*

a) Die Mutter erfährt, <u>dass</u> ihr <u>Sohn</u> zum <u>Nachsitzen</u> bleiben <u>musste</u> und fragt ihn: „Warum <u>hast</u> du mir gesagt, <u>dass</u> du dich mit <u>Sonja</u> <u>triffst</u>?“ <u>Hans</u> antwortet: „<u>Sie</u> war auch dort!“

b) Finja geht in die <u>erste</u> <u>Klasse</u>. Ihre Tante möchte <u>wissen</u>: „<u>Kennst</u> du schon <u>das</u> ABC?“ Finja <u>sagt</u>: „Na klar, <u>sogar</u> <u>bis</u> hundert!“

mit ss: <u>dass, musste, Klasse, wissen</u>

mit s: <u>Sohn, nachsitzen, hast, gesagt, Sonja, Hans, triffst, sie, erste, kennst, sagt, sogar, bis</u>

**Aufgabe 5:** *Trage ss oder s ein.*

| | | |
|---|---|---|
| Gewissen | Kasse | Fluse |
| Besen | Sekunde | Messer |
| aufpassen | hassen | vermissen |
| vergessen | reisen | ansonsten |

# 11 LÖSUNG – I-Laut: i oder ie?

**Aufgabe 1**: *Schreibe zu diesen Bildern die passenden Wörter mit „ie".*

die Biene

die Schienen

die Ziege

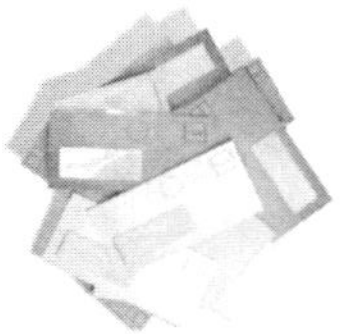
die Briefe

die Gießkanne

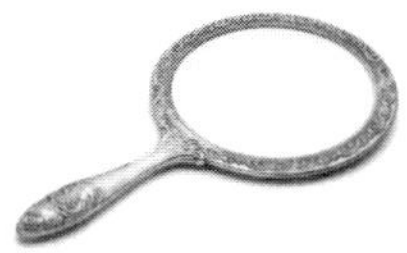
der Spiegel

**Aufgabe 2**: *Setze in diesen Reimen die passenden Wörter mit i ein.*

Auch wenn wir etwas spinnen, wir wollen im Lotto *gewinnen*.

Die Inder haben viele *Kinder*.

Erst könnt ihr etwas trinken, dann müsst ihr zum Abschied *winken*.

Sie versteckt sich hinter der Gardine und beißt in eine *Apfelsine*.

**Aufgabe 3**: *Überprüfe, ob die Regel aus dem Merkkasten gilt. Schreibe diese Wörter in Silben auf.*

| Wörter mit einfachem „i": in der Silbe weitere Buchstaben nach dem „i" | Wörter mit „ie": in der Silbe keine Buchstaben nach dem „ie" |
|---|---|
| rich-tig | schie-ßen |
| Sil-ber | rie-chen |
| sin-gen | Tie-re |
| ver-wir-ren | Bei-spiel |
| Schil-der | Lie-ge-wie-se |

Trifft die Regel zu? ☐ ja ☐ nein

**Aufgabe 4**: *Setze in diese Wörter entweder „i" oder „ie" ein.*

| | | | |
|---|---|---|---|
| fliegen | Winter | geschrieben | gelingen |
| Schraubenzieher | klirren | Frieden | Tintenpatrone |

**Aufgabe 5**: *Schreibe mit jedem dieser Wörter einen Satz: Haare, Beet, Armee, Boot.*

Das Baby *liegt* in der *Wiege*. Es ist *sieben* Monate alt. Jede Woche müssen *die Fingernägel geschnitten* werden. Dabei zappelt es *ziemlich* stark. Es mag *lieber spielen* und *Bilderbücher* anschauen. *Darin sind viele Bilder* von *Tieren* und *Spielzeug*.

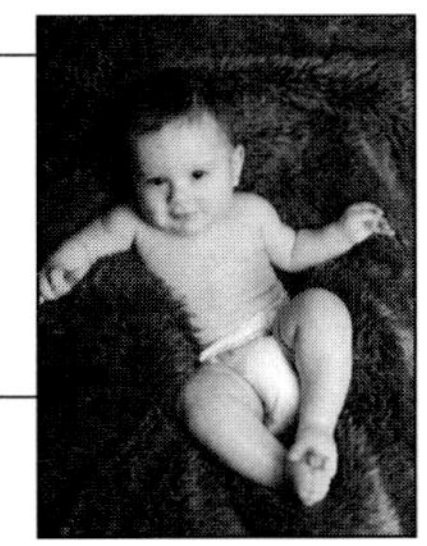

# 12 LÖSUNG – Das oder dass?

**Aufgabe 1:** *Füge vier Sätze nach deiner Wahl zusammen und schreibe sie auf.*

Sie behauptet, dass die 13 eine Glückszahl ist.
Er glaubt, dass der Regenbogen sechs Farben hat.
Wir finden, dass das Wochenende zu kurz ist.
Du lügst, dass die Erde eine Scheibe ist.

**Aufgabe 2:** *Schreibe ähnliche Sätze zum Spielwarenladen. Verwende diese Wörter:*

Beispiel:

Dort ist das Buch, das ich mir wünsche.
Dort ist das Puzzle, das ich mir wünsche.
Dort ist das Fahrrad, das ich mir wünsche.
Dort ist das Fotoalbum, das ich mir wünsche.
Dort ist das Auto, das ich mir wünsche.
Dort ist das Spielhaus, das ich mir wünsche.

**Aufgabe 3:** *Setze in diesen Infotext zum Gewitter an den passenden Stellen „das“ oder „dass“ ein.*

*Man sieht bei einem Gewitter, dass viele dunkle Wolken aufziehen. Wolken bestehen aus sehr feinen Wassertropfen. Wenn nun ein Gewitter heranzieht, kühlt die oberste Luftschicht so stark ab, dass sich oben in der Wolke sogar Eiskristalle bilden.*
*Sie werden vom Wind hin- und herbewegt. Dabei reiben sie sich aneinander und laden sich elektrisch auf.*
*Das führt zu einer elektrischen Spannung. Diese Spannung entlädt sich plötzlich, dabei entsteht ganz helles Licht – das wir als Blitz am Himmel sehen. Der Blitz ist so heiß, dass er die umgebende Luft erwärmt. Diese dehnt sich sehr schnell aus, so schnell, dass sie sogar die Schallmauer durchbricht. Dabei knallt es sehr laut und wir hören einen Donner.*
*Das sollte man wissen: Ein Blitzschlag ist tatsächlich gefährlich. Wenn man bei einem Gewitter draußen ist, sollte man sich möglichst flach in die Erde ducken. Auch das Schwimmen oder das Bootfahren ist gefährlich. Das Auto ist dagegen ein sehr sicherer Ort bei einem Gewitter und ebenso ein Haus, das einen Blitzableiter hat.*

**Aufgabe 4:** *Kannst du statt „das/dass“ hier auch „dieses/jenes/welches“ einsetzen? Schreibe den Satz darunter mit dieses/jenes/welches auf und füge dann „das“ oder „dass“ ein.*

a) Das Gewitter von gestern Nacht, das habe ich gesehen.
Das Gewitter von gestern Nacht, *dieses/jenes* habe ich gesehen.

b) Das Gewitter führte dazu, dass ich nicht schlafen konnte.
Einsetzen nicht möglich

c) Das Gewitter, das gestern Nacht geschah, war sehr laut.
Das Gewitter, *welches* gestern Nacht geschah, war sehr laut.

# Bildquellennachweis

| | |
|---|---|
| Seite 7 | © Clipa |
| Seite 8 | © inga - Fotolia.com |
| Seite 10 | © Clipart.com |
| | © okalinichenko - Fotolia.com |
| Seite 11 | © Clipart.com |
| | © danielabarreto - Fotolia.com |
| | © Alexander Raths - Fotolia.com |
| Seite 14 | © Clipart.com |
| Seite 15 | © Clipart.com |
| Seite 16 | © grafikplusfoto - Fotolia.com |
| | © Oleksandr Dibrova - Fotolia.com |
| Seite 17 | © Clipart.com |
| | © bilderzwerg - Fotolia.com |
| Seite 18 | © Trueffelpix - Fotolia.com |
| Seite 19 | © Clipart.com |
| | © cirodelia - Fotolia.com |
| Seite 20 | © tatoman - Fotolia.com |
| Seite 21 | © Clipart.com |
| Seite 22 | © Nikola Spasenoski - Fotolia.com |
| | © Tim UR - Fotolia.com |
| | © photlook - Fotolia.com |
| Seite 23 | © Clipart.com |
| | © denyshutter - Fotolia.com |
| | © bluebat - Fotolia.com |
| | © corund - Fotolia.com |
| | © marog-pixcells - Fotolia.com |
| | © montego6 - Fotolia.com |
| | © by-studio - Fotolia.com |
| | © Kitch Bain - Fotolia.com |
| | © Rada Covalenco - Fotolia.com |
| Seite 24 | © Jr Casas - Fotolia.com |
| Seite 25 | © Clipart.com |
| | © Algol - Fotolia.com |
| Seite 26 | © VRD - Fotolia.com |
| Seite 27 | © Oksana Kuzmina - fotolia.com |
| | © Clipart.com |
| Seite 28 | © nata777_7 - Fotolia.com |
| Seite 29 | © Clipart.com |
| | © Alekss - Fotolia.com |
| | © TTstudio - Fotolia.com |
| | © rostyle - Fotolia.com |
| | © alswart - Fotolia.com |
| | © eyewave - Fotolia.com |
| | © pixelrobot - Fotolia.com |
| Seite 31 | © Clipart.com |
| | © kubko - Fotolia.com |
| Seite 32 | © Clipart.com |
| Seite 36 | © Martina Berg - Fotolia.com |
| Seite 37 | © danielabarreto - Fotolia.com |
| Seite 39 | © grafikplusfoto - Fotolia.com |
| | © Oleksandr Dibrova - Fotolia.com |
| Seite 40 | © bilderzwerg - Fotolia.com |
| | © Trueffelpix - Fotolia.com |
| Seite 41 | © tatoman - Fotolia.com |
| | © cirodelia - Fotolia.com |
| Seite 42 | © Nikola Spasenoski - Fotolia.com |
| | © Tim UR - Fotolia.com |
| | © photlook - Fotolia.com |
| Seite 43 | © denyshutter - Fotolia.com |
| | © bluebat - Fotolia.com |
| | © corund - Fotolia.com |
| | © marog-pixcells - Fotolia.com |
| | © montego6 - Fotolia.com |
| | © by-studio - Fotolia.com |
| | © Kitch Bain - Fotolia.com |
| | © Rada Covalenco - Fotolia.com |
| | © Jr Casas - Fotolia.com |
| Seite 44 | © Algol - Fotolia.com |
| Seite 45 | © Oksana Kuzmina - Fotolia.com |
| | © nata777_7 - Fotolia.com |
| Seite 46 | © Alekss - Fotolia.com |
| | © TTstudio - Fotolia.com |
| | © rostyle - Fotolia.com |
| | © alswart - Fotolia.com |
| | © eyewave - Fotolia.com |
| | © pixelrobot - Fotolia.com |
| Seite 47 | © kubko - Fotolia.com |
| | © Clipart.com |